KLARTEXT

Hans Blossey

ESSEN
VON OBEN

Die schönsten Luftbilder der Stadt

Fotojournalist und Pilot Hans Blossey mit
seinem Reisemotorsegler Dimona H36.
Foto: Peter von Felbert

HANS BLOSSEY

1952 in Essen geboren. Fotovolontariat bei der Westdeutschen Allgemeinen Zeitung in Essen, Arbeit als Bildredakteur im gesamten Ruhrgebiet. 1991 Wechsel in die Zentral-Redaktion der WAZ und zehn Jahre lang verantwortlicher Fotograf für die Seite Eins- und die Reportage-Redaktion. 2009 Selbständigkeit als journalistischer und gewerblicher Luftbildfotograf. Seit 1983 mit drei Fluglizenzen und seit 1988 mit dem eigenen Flugzeug unterwegs. Sein Luftbildarchiv zählt mittlerweile über 300.000 Aufnahmen und wird vervollständigt durch internationale Reisefotografie.
Hans Blossey ist darüber hinaus Mitglied in der Fotografenvereinigung freelens/Hamburg und Dozent an der Essener Medienakademie Ruhr im Bereich Fotojournalismus.

www.luftbild-blossey.de

Bibliografische Information der Deutschen Nationalbibliothek
Die Deutsche Nationalbibliothek verzeichnet diese Publikation in der Deutschen Nationalbibliografie;
detaillierte bibliografische Daten sind im Internet über http://dnb.dnb.de abrufbar.

IMPRESSUM

2. Auflage November 2023
Satz und Gestaltung: Achim Nöllenheidt
Umschlagfotos: Hans Blossey
Umschlaggestaltung: Ina Zimmermann
Druck und Bindung: Multiprint GmbH, Kostinbrod 2230, Slavianska Str. 10 A, Bulgarien

ISBN 978-3-8375-2217-4

KLARTEXT
Jakob Funke Medien Beteiligungs GmbH & Co. KG
Jakob-Funke-Platz 1, 45127 Essen
info@klartext-verlag.de, www.klartext-verlag.de

INHALT

VORWORT

Hans Blosseys faszinierende Luftbilder nehmen uns mit auf eine spannende Reise durch Essen. Grandiose Ausblicke ermöglichen völlig neue, ungeahnte Sichtweisen und laden zum (Wieder-)Entdecken einer vielseitigen Stadt ein.

Über und unter den Wolken gelingen Blossey Aufnahmen, die durch die Ausweitung des Blickwinkels spannende Perspektiven eröffnen. Seine Fotografien bieten ein doppeltes sinnliches Vergnügen, weil sie erhabene Übersichten mit einem überwältigenden Detailreichtum vereinen.

Vom grünen Süden mit dem Freizeitmagneten Baldeneysee bis zum industriekulturellen Welterbe Zollverein im Norden, von der Krupp'schen Gartenstadt Margarethenhöhe über die urbane Kneipenmeile „Rü“ und die imposante Skyline am Hauptbahnhof bis zum Essener Münster – die aus der Vogelperspektive beobachteten Architekturen der Stadt- und Naturräume faszinieren zudem durch ihre Formen und Farben.

So entwickeln Blosseys Fotografien über das bloße Abbild hinaus einen künstlerischen Perspektivwechsel, der Lust darauf macht, die Stadt Essen auf jeder Seite neu zu erleben.

Achim Nöllenheidt

ANSICHTEN

Die Bramme auf der Schurenbachhalde |

Bild vorherige Doppelseite:
Blick auf den Baldeneysee, im
Vordergrund die Villa Hügel

Haus Scheppen am
Baldeneysee

Das Ruhrtal im Morgennebel zwischen Heisingen und Werden

Die St.-Ludgerus-Kirche in Werden und dahinter die Folkwang Universität der Künste im denkmalgeschützten barocken Hauptgebäude der historischen Abtei

Wälder, Felder und die Ruhr: der grüne Süden der Stadt (hier Werden)

Bild vorherige Doppelseite:
Die Mintarder Brücke führt über die Ruhr und ist mit 1.830 Metern die längste Straßenbrücke aus Stahl in Deutschland

Paralleler Verlauf: die Emscher und der Rhein-Herne-Kanal, dazwischen die Emscherinsel

| Der Baldeneysee mit Ruhrbogen bei Heisingen

Bild vorherige Doppelseite: Stimmungsvolles Panorama der Essener Innenstadt, das Rathaus mit 106 Metern Höhe (rechts unten) und der 127 Meter hohe RWE-Turm (links) ragen heraus

Die beiden Verkehrsadern Alfredstraße (B 224, rechts) und Rüttenscheider Straße führen geradewegs in den Süden

Imposante Skyline: der RWE-Turm (links) und der Hauptsitz der Evonik Industries AG südlich des Hauptbahnhofs

EVONIK

Modell-Optik:
die thyssenkrupp-
Hauptverwaltung mit
angrenzendem Krupp-Park

Blick auf das 55 Meter hohe Doppelbock-Fördergerüst,
das Wahrzeichen des UNESCO-Welterbes Zollverein

Winterspaß inmitten beeindruckender Industriearchitektur:
die Zollverein-Eisbahn auf der Kokerei

IM & AM WASSER

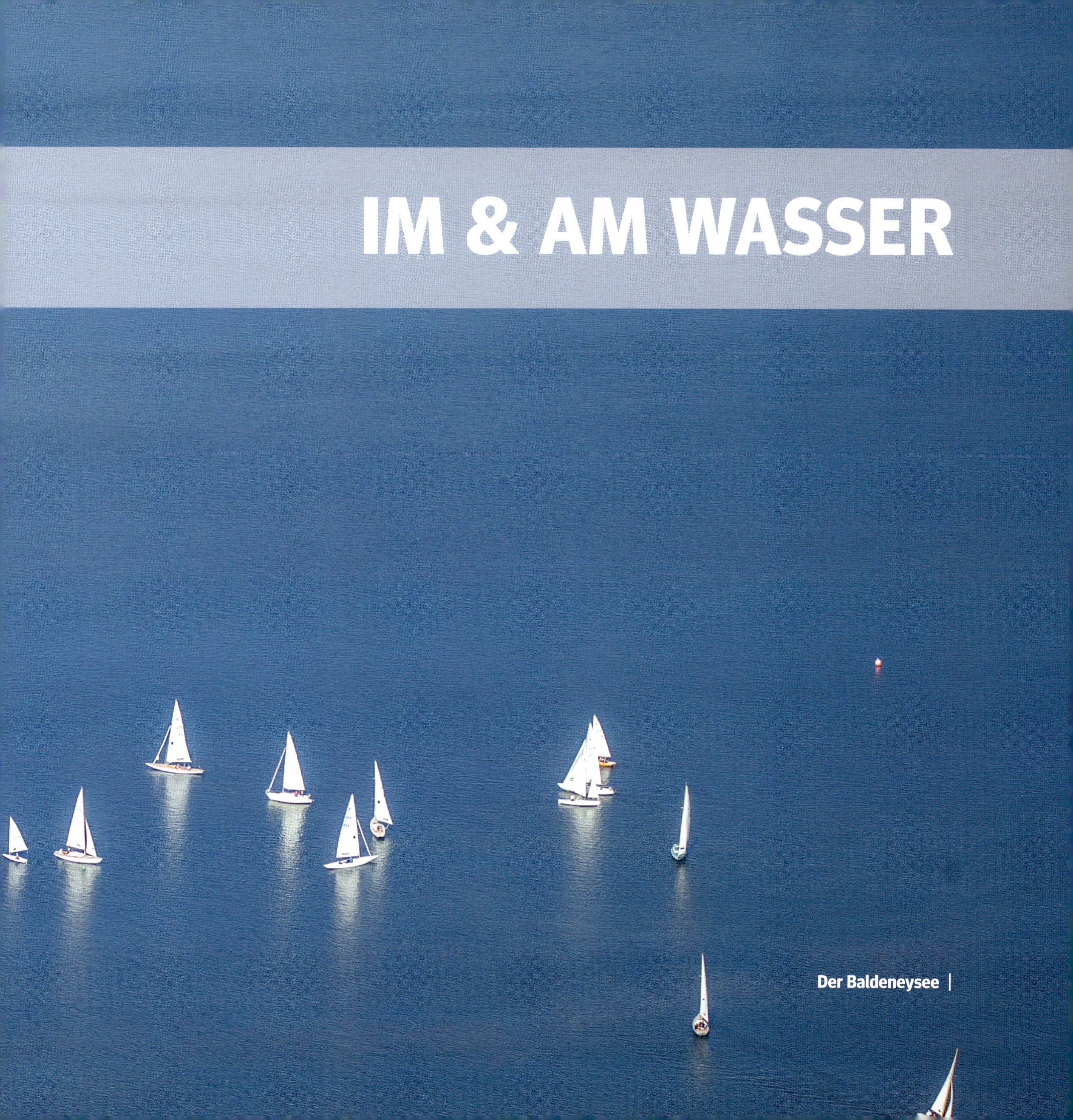

Der Baldeneysee |

Exklusiv gelegen:
Golfplatz, Hockey- und
Tennisanlage des ETUF

Das Stauwehr des Baldeneysees mit ihren drei stufenlos zu hebenden Walzen
und der Schleuse am Nordufer

Campingplatz vor Haus Scheppen;
Segelboote auf dem Baldeneysee

F
GER
432
F
GER
520
F
GER
830
F
GER
835

Herbststimmung am Hafen der Weißen Flotte Baldeneysee GmbH (links); unterwegs mit dem Ausflugsschiff „MS Baldeney“

Erhabene Lage:
die Villa Hügel thront
über dem Baldeneysee

Das Seaside Beach Baldeney bietet jede Menge Platz zum Sonnenbaden und ist seit 2017 auch Standort einer 50 Meter langen, mit drei Stegen ausgestatteten Badestelle

Essener Badespaß:
Freibad „Hesse" Dellwig am Rhein-Herne-Kanal (ganz oben),
das Schwimmzentrum Kettwig (oben) und das Grugabad (rechts)

| Blick von Steele aus auf den Stadtteil Kupferdreh und den Ruhrbogen

Neue Wasserwelten in Essen: der Niederfeldsee in Altendorf (links) und der See im Krupp-Park mit Seebühne

STADTLEBEN

Die Innenstadt im Morgenlicht |

Einkaufscenter Limbecker Platz (oben);
scharfe Trennlinien zwischen Nord- und Südteil der Stadt: die A40 und der Hauptbahnhof

Postbank
evonik
RWE

Das Essener Münster, Bischofskirche
des Bistums Essen (links);
die Alte Synagoge Essen (oben) und
die Fatih-Moschee in Katernberg

Urbane Lebensader: die Rüttenscheider Straße (oben); kulturelles Zentrum am Rande des Stadtparks: das Aalto-Theater und die Philharmonie im Südviertel (links der RWE-Turm)

Oben: Skyline der Innenstadt von Osten fotografiert, RWE-Tower, Evonik-Turm, Postbank-Hochhaus, Rathaus Essen
Unten: Essener Technologie- und Entwicklungs-Centrum GmbH (ETEC) und Fernsehturm

Das 1892 eröffnete Grillo-Theater ist eines der ältesten Schauspielhäuser im Ruhrgebiet (oben); der Internationale Weihnachtsmarkt auf dem Kennedyplatz zieht auch ausländische Besucher an

KENNEDY TOWER

Neues Wohn- und Arbeitsquartier „grüne mitte essen“ mit der neuen Zentrale der FUNKE MEDIENGRUPPE im Universitätsviertel

Wirtschaftsriesen in der City: die Zentrale der Schenker AG, RWE Power AG, Postbank-Hochhaus

E.ON Hauptverwaltung in Rüttenscheid gegenüber der Messe Essen

Wirtschaft, Kultur und Freizeit an einem Ort: Messe Essen, Grugahalle und der Grugapark

Bilder nächste Seite:
das Stadion Essen, Heimstätte
von Rot-Weiss Essen (oben);
der Komplex des Museum
Folkwang

Staureiche Verkehrsader:
die A40 (im Vordergrund der
Hauptsitz der Evonik Industries AG)

WAZ

Zollverein

UNESCO-Welterbe Zollverein: Momentaufnahme während der „Extraschicht“, das von der Folkwang Universität der Künste genutzte SANAA-Gebäude (oben) und der Neubau der RAG-Stiftung an der Kokerei (unten)

NATUR

Teiche östlich des Jugendhauses St. Altfrid, Kettwig (oben);
Kleingartenanlage Reuenberg, Gerschede

Das Naturschutzgebiet
Untere Kettwiger
Ruhraue im
Morgennebel

Rapsfeld im Essener Süden (oben);
Brücke über einen Altarm der Ruhr in den Ruhrauen zwischen Steele und Heisingen

Die Ruhr im Morgennebel zwischen Werden und Kettwig (links);
die Halde Schurenbach mit der Skulptur „Bramme für das Ruhrgebiet“ des amerikanischen Künstlers Richard Serra in Altenessen

| Ruhrradschnellweg zwischen Essen und Mülheim am Gleisdreieck Kamptal, Schönebeck

| Der Hülsmannshof auf der Margarethenhöhe

Baumgruppe im Herbstlaub
oberhalb der Laupendahler
Landstraße zwischen
Werden und Kettwig

Fahrgastschiff Friedrich Freye der Weißen Flotte auf der Ruhr bei Kettwig (oben);
Jagdhaus Schellenberg über dem Baldeneysee

Dachgärten in Kettwig

WOHNWELTEN

Wohnen auf dem Land mit Pferdehof, Kettwig (oben);
Terrassenvielfalt, Kettwig

Schloss Borbeck (links);
Schloss Baldeney (oben); Schlosshotel Hugenpoet

Schloss Landsberg liegt in unmittelbarer Nähe zu Schloss Hugenpoet in Kettwig, gehört aber zum Stadtgebiet von Ratingen

Haus Oefte, Kettwig

Hirtsiefer-Siedlung in Altendorf, historische Arbeitersiedlung für die Krupp'sche Gussstahlfabrik

Neubaugebiet Breloher Steig, Horst

| Bungalowsiedlung in Heidhausen

Wohnsiedlung Gehrberg,
Huttrop

Kolonie Hegemannshof,
Katernberg,

Siedlung zwischen den Straßen Kattendahl und Oberhausener Straße, Frintrop

Wohnsiedlung Am Seebogen, Kupferdreh (links);
bewohnter ehemaliger Wasserturm, Bredeney

Schöner Wohnen, Werden

Gartenstadt Margarethenhöhe (links);
Reihenmehrfamilienhäuser auf der Frankenstraße, Bredeney (oben);
Neubaugebiet Dilldorfer Höhe in der Biegung des Baldeneysees, Kupferdreh

FORMEN & FARBEN

Krupp-Park mit Plattform am See |

Pferde im Schnee, Kettwig (links);
Strandparadies: Seaside Beach Baldeney

Yin-Yang-Symbol, Neubaugebiet Dilldorfer Höhe, Kupferdreh (links);
Orangerie im Grugapark, Rüttenscheid

Impression aus dem Grugabad, Rüttenscheid (oben);
Sommerfest an der Gruga mit Trödelmarkt, Rüttenscheid

Lindenrund im Grugapark mit der Skulptur „Speerwerferin 1937“ von Ernst Seger (links);
Kreisverkehr mit Herbstbewuchs, Dilldorfer Straße/Rodberger Straße, Kupferdreh

| Am Katholischen Priesterseminar, Werden

| Friedhofskapelle an der Brederbachstraße, Kettwig

| Autobahnkreuz Essen-Nord, Autobahn A2 und B 224, Stadtgrenze Essen/Bottrop

| Verkehrsübungsplatz, Frillendorf

Drachenboote auf dem Baldeneysee bei Kupferdreh (links);
Tretboote am Kettwiger See

| Bus- und Straßenbahndepot der Ruhrbahn

| Kfz-Lager an der Stauderstraße, Altenessen

| Der Schellenberger Wald nach dem Sturmtief Ela (am 9. Juni 2014), Stadtwald